Daniel M. Wolanski, Thilo Maceiczyk

Betriebliche Informationssysteme im Supply Chain Management

GRIN Verlag

Bibliografische Information der Deutschen Nationalbibliothek:

Die Deutsche Bibliothek verzeichnet diese Publikation in der Deutschen National-
bibliografie; detaillierte bibliografische Daten sind im Internet über http://dnb.d-
nb.de/ abrufbar.

Impressum:

Copyright © 2011 GRIN Verlag GmbH
Druck und Bindung: Books on Demand GmbH, Norderstedt Germany
ISBN: 978-3-656-07009-2

Dieses Buch bei GRIN:

http://www.grin.com/de/e-book/182836/betriebliche-informationssysteme-im-supply-
chain-management

GRIN - Your knowledge has value

Der GRIN Verlag publiziert seit 1998 wissenschaftliche Arbeiten von Studenten, Hochschullehrern und anderen Akademikern als eBook und gedrucktes Buch. Die Verlagswebsite www.grin.com ist die ideale Plattform zur Veröffentlichung von Hausarbeiten, Abschlussarbeiten, wissenschaftlichen Aufsätzen, Dissertationen und Fachbüchern.

Besuchen Sie uns im Internet:

http://www.grin.com/

http://www.facebook.com/grincom

http://www.twitter.com/grin_com

Hausarbeit zum Thema:

Betriebliche Informationssysteme

im

Supply Chain Management

im Rahmen der Lehrveranstaltung

„Betriebliche Informationssysteme"

vorgelegt von:

Thilo Maceiczyk

Daniel M. Wolański

Inhaltsverzeichnis

1 Einleitung

"There is a growing recognition that individual businesses no longer compete as stand-alone entities but rather as supply chains."[1]

Als Konsumenten sind wir es heutzutage gewohnt, dass die Produkte, die wir zu kaufen wünschen stets erhältlich oder kurzfristig lieferbar sind. Ist ein Produkt nicht verfügbar sorgt das bei uns in der Regel schnell für Unmut. Dabei wird uns dieser Luxus erst seit relativ kurzer Zeit geboten. Früher musste der Kunde mit den Waren vorlieb nehmen, welche die Hersteller auf den Markt brachten. Durch verschiedene Entwicklungen, die den Konsumenten mit zuvor nie gekannter Souveränität ausstatteten hat sich diese Situation geändert. Heute müssen die Hersteller, um am Markt zu bestehen, auf die Wünsche der Kunden flexibler eingehen als sie dies in der Vergangenheit taten. Dass dies auch für die Strukturen, in die Unternehmen eingebettet sind nicht ohne Folgen bleibt scheint offensichtlich. Als Kunden vermögen wir kaum die Mechanismen zu erfassen, die wir beispielsweise mit wenigen Klicks bei der Online Bestellung in Gang setzen. Eine ganze Kette von Prozessen, die sich vom Einzelhandel über den Hersteller des bestellten Produktes bis zu dessen Zulieferern und wiederum deren Zulieferern zieht, wird ausgelöst. Die Lieferkette rotiert. Das reibungslose Funktionieren dieser für den Kunden unsichtbaren Abläufe kann dabei darüber entscheiden ob wir als Kunden erneut beim gleichen Hersteller Produkte beziehen werden. Es gibt wohl nur wenige Unternehmen, die nicht auf eine effektive Supply Chain angewiesen sind. Für den Großteil der Unternehmen stellt damit die Lieferkette einen wesentlichen Faktor im Kampf um Markanteile dar. Die vorliegende Arbeit hat die Bedeutung dieser Supply Chain sowie die unterstützenden Software-Lösungen zum Thema und soll einen Einblick geben inwieweit moderne Lieferketten auf die Unterstützung durch die IT angewiesen sind.

---

[1] Christopher, M. (2005). Logistics and supply chain management: Dreating value-added networks. S. 122

Dr. Martin Christopher, dessen bekanntes Zitat wir als Einstieg für diese Hausarbeit gewählt haben gilt als einer der Ersten, die erkannt haben, dass es nicht mehr die Unternehmen sind, die im Wettbewerb konkurrieren, sondern ganze Supply Chains. Diese Erkenntnis führt uns zum eigentlichen Thema unserer Arbeit. Erläutert werden soll die Bedeutung der Supply Chain für Unternehmen. Als zentralen Aspekt der Thematik Supply Chain Management wollen wir die Anforderungen an unterstützende Supply Chain Management-Systeme herausarbeiten sowie einige auf dem Markt angebotene Lösungen namhafter Hersteller vorstellen.

2 Supply Chain Management

2.1 Veränderungstreiber

Als Veränderungstreiber wirken alle Einflussfaktoren, die die bisherigen Strukturen und Abläufe in den Supply Chains an ihre Grenzen bringen. Im Folgenden sollen die aus unserer Sicht wesentlichen kurz dargestellt werden.

2.1.1 Der Wandel von Push- zu Pull-Märkten

Das Geschehen auf den Märkten war in den vergangenen Jahren von Herstellern dominiert, die Ihre Produkte mit Hilfe von intensiven Marketing-Maßnahmen in den Handel brachten. Die Strategie die sie dabei verfolgten wird Push-Strategie genannt.

Bei dieser Strategie wird das Produkt gewissermaßen durch die Supply Chain "gedrückt" Dabei geht die Push-Strategie vom Hersteller aus, der intensive Absatzförderungsmaßnahmen an den Großhandel richtet, was sich dann durch den Rest der Supply Chain bis hin zum Konsumenten durchsetzt. Zu den Marketingaktivitäten des Herstellers gehören dabei der Außendienst und die Präsenz auf Messen um den Großhandel zu Kauf des Produktes zu bewegen. Der Handel betreibt Werbung mit Sonderaktionen und versucht den Konsumenten durch Verkaufsgespräche vom Produkt zu überzeugen.

Dagegen richtet bei der Pull-Strategie der Anbieter den überwiegenden Teil seiner Marketingaktivitäten auf die Kaufinteressenten um die Bedürfnisse der Konsumenten in Erfahrung zu bringen oder Bedürfnisse im Endkunden zu schaffen, die der Hersteller mit seinen Produkten befriedigen kann. Funktioniert diese Strategie wandelt sich die Flussrichtung des Marktes und die Konsumenten fragen aktiv Produkte nach. Diese Nachfrage bewirkt dann entlang der Supply Chain einen Pull-Effekt, bei dem die Konsumenten den Ausgangspunkt darstellen. Das Produkt wird dann vom Markt ausgehend durch die Lieferkette „gezogen".

In den letzten Jahren konnte man beobachten, dass eine Verschiebung von Push- zu Pull-Strategien stattgefunden hat. Die bisher von den Verkäufer dominierten Märkte haben sich zu Käufermärkten entwickelt bei denen die Konsumenten bestimmen, welche Produkte, zu welchem Preis wann und wo verfügbar sein sollen. Die Nachfrageinformationen steuern also den Warenfluss und damit die Supply Chain. [2]

2.1.2 Das Internet

Verstärkt wird die Macht der Verbraucher durch die zunehmende Transparenz infolge des Vormarsches neuer Medien. Die heutigen Kunden sind durch Vergleichsmöglichkeiten und Erfahrungsaustausch mit anderen Konsumenten in Internetforen umfassend informiert. Wert und Qualität eines Produktes sind dem Verbraucher heutzutage nicht mehr erst durch den Kauf und Gebrauch des Produktes zugänglich. Insbesondere die Schwachstellen eines Produktes sind durch Verbraucherforen und Feedback-Möglichkeiten bei vielen Online-Vertriebsportalen bereits kurz nach Produkteinführung der Käuferschaft bekannt. Ein weiterer Aspekt ist in dem Preisdruck zu sehen, der vom Vertrieb von Produkten über das Internet ausgeht. Bei der Online-Bestellung wird per Mausklick eine ganze Reihe an Aktivitäten entlang der Supply Chain ausgelöst, die es zu Koordinieren gilt. Durch die Ausschaltung von Zwischenhändlern können im Internet Produkte zudem erheblich günstiger angeboten werden. Preisvergleichportale helfen den Verbrauchern unter diesen Angeboten nochmals das günstigste auszuwählen. Mit diesem neuen Vertriebsweg einhergehend ist auch eine zunehmende Dynamik des Handels, die sich auch auf die Anforderungen an Supply Chains auswirkt, festzustellen.[3]

---

[2] vgl. Kuhn, A., & Hellingrath, B. (2002). Supply Chain Management - Optimierte Zusammenarbeit in der Wertschöpfungskette. S3.
[3] vgl. ebd. S. 2

2.1.3 Komplexität und Dynamik

Einen weiterer Veränderungstreiber ist in der zunehmenden Komplexität und Dynamik der Märkte zu finden. Durch anhaltende Globalisierung und Internationalisierung kommen neue Wettbewerber aus dem Ausland hinzu und treten in direkten Wettbewerb mit den einheimischen Anbietern. Das Angebot an Produkten und ergänzenden Dienstleistungen wird dadurch immer breiter. Um am Markt zu bestehen und die Bedürfnisse der Konsumenten als erster zu befriedigen, versucht jedes Unternehmen möglichst vor der Konkurrenz Innovationen und neue Produkte auf den Markt zu bringen. Damit wird der Lebenszyklus von Produkten signifikant verkürzt. Es wird klar, dass diese Entwicklungen auch Auswirkungen auf die Supply Chains von Unternehmen haben. Wenn früher die Reaktionszeiten von Unternehmen durch hohe Sicherheitsbestände sichergestellt wurden, ist dieses heute nicht mehr zeitgemäß und verursacht hohe Lagerhaltungskosten. Umrüstzeiten, Durchlaufzeiten und Lagerbestände müssen sich diesen Entwicklungen anpassen. Da die wenigsten Unternehmen ohne Zulieferer Produzieren können müssen auch diese die nötige Flexibilität mitbringen um die benötigten Teile in kürzester Zeit bereit stellen zu können. Das gleiche ergibt sich dann natürlich auch für die Zulieferer des Zulieferers. [4]

2.2 Folgen für die Wertschöpfungskette

Die im Vorangegangenen kurz dargestellten Veränderungstreiber zeigen, dass die Supply Chains heute anderen Mechanismen folgen als jene auf früheren Märkten. Nach Hellingrath und Kuhn müssen die Unternehmen der gesamten Wertschöpfungskette „Hand in Hand arbeiten, um die Ziele der Befriedigung des Kundenbedarfs im Hinblick auf Produktauswahl, Verfügbarkeit und Preis bei gleichzeitig rationellem Ressourceneinsatz und möglichst geringen

---

[4] vgl. Kuhn, A., & Hellingrath, B. (2002). Supply Chain Management - Optimierte Zusammenarbeit in der Wertschöpfungskette. S. 33

Beständen zu erreichen."[5] Die beschriebenen Entwicklungstendenzen führen also dazu, dass die Produkte und die dahinter stehenden Supply Chains mehr und mehr von den Konsumentenwünschen gesteuert werden.[6] Es wird deutlich, dass diese Entwicklung nach neuen Ansätzen für die Organisation von Lieferketten verlangt. Wie das einführende Zitat von Martin Christopher schon angedeutet hat sind es nicht mehr die Unternehmen allein, die mit ihren Kernkompetenzen ausschlaggebend für die Positionierung im Wettbewerb sind. Die Einbettung der Unternehmen in ihre Supply Chain gewinnt an Bedeutung und es sind eben nicht mehr nur die Unternehmen die in Konkurrenzkampf stehen, sondern die gesamte Supply Chain. Um diese von Kundenwünschen steuern zu lassen muss die Supply Chain eine genügende Flexibilität aufweisen um auf schwankende und trendorientierte Nachfragesituation reagieren zu können.

2.3 Definition Supply Chain

Mit dem Begriff Supply Chain wird ein Netzwerk von Organisationen bezeichnet, das direkt oder indirekt verknüpft ist und in der Befriedigung desselben Kunden in Abhängigkeit steht. Dieses Netzwerk kann dabei auch ausländische Unternehmen beinhalten, weshalb je nach Definition auch von einem globalen Netzwerk gesprochen wird. Aus Sicht des Konsumenten werden innerhalb der Supply Chain Werte in Form von Produkten und Dienstleistungen erzeugt. Dabei besteht die Supply Chain in der Regel aus Zulieferern von Rohmaterialien oder Zwischenerzeugnissen, Herstellern, die das gelieferte Material in Produkte umwandeln, Lagerhäuser, in denen die Produkte gelagert werden sowie Verkaufsstandorte, die das Produkt an Konsumenten verkaufen.[78]

---

[5] vgl. Kuhn, A., & Hellingrath, B. (2002). Supply Chain Management - Optimierte Zusammenarbeit in der Wertschöpfungskette. S. 33
[6] vgl. ebd. S.33.
[7] vgl. Hellingrath, B. (10. November 2008). Lieferketten, Steuerung, Kontrolle und Überwachung von. Abgerufen am 20. April 2011 von Vierte Auflage - Enzyklopädie der Wirtschaftsinformatik: http://www.enzyklopaedie-der-wirtschaftsinformatik.de/wi-

In der Supply Chain wird unterschieden zwischen Waren-, Informations- und Finanzflüssen. Während Waren und Dienstleitungen in der Lieferkette vom Zulieferer über den Hersteller zum Konsumenten fließen, bewegen sich die Finanzmittel in entgegen gesetzter Richtung ausgehend vom Konsumenten, der den Preis für das erworbene Produkt entrichtet. Der Informationsfluss in einer Supply Chain verläuft bidirektional. Die Verkaufsinformationen fließen dabei vom Konsumenten zum Hersteller, der durch Bestellung von Material die Information an seine Zulieferer weitergibt. Informationen die das Material begleiten fließen von den Zulieferern zum Hersteller zum Beispiel in Form eines Lieferscheins. Die Folgende Abbildung soll das Grundmodell einer Supply Chain veranschaulichen.[9]

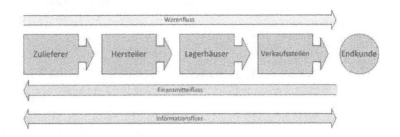

Abbildung 1: Supply Chain - Waren-, Geld- und Informationsfluss[10]

2.4 Definition Supply Chain Management

Der Ansatz des Supply Chain Management wird von Hellingrath und Kuhn treffend erklärt:

„Das Supply Chain Management ist die integrierte prozessorientierte Planung und Steuerung der Waren-, Informations- und Geldflüsse entlang der gesamten Wertschöpfungskette vom Kunden bis zum Rohstofflieferanten."[11]

---

enzyklopaedie/lexikon/informationssysteme/crm-scm-und-electronic-business/Supply-Chain-Management/-Lieferketten--Steuerung--Kontrolle-und-Uberwachung-von
[8] vgl. What is supply chain? definition and meaning, Business Dictionary. Abgerufen am 20. April 2011 von BusinessDictionary.com - Online Business Dictionary:
http://www.businessdictionary.com/definition/supply-chain.html
[9] vgl. ebd.
[10] vgl. Vahrenkamp, R. (2008). Produktionsmanagement. S.216

Um die Ziele der Befriedigung des Kundenbedarfes im Hinblick auf Produktauswahl, Verfügbarkeit und Preis bei gleichzeitig rationellem Ressourceneinsatz und möglichst geringen Beständen zu erreichen, müssen die Unternehmen der gesamten Supply Chain Hand in Hand arbeiten. Der Ansatz der unternehmensübergreifenden, integrierten Gestaltung und Optimierung der gesamten Supply Chain ist heute bekannt unter dem Begriff Supply Chain Management[12]

Das Supply Chain Management (SCM) bezeichnet den Aufbau und die Verwaltung integrierter Lieferketten inklusive der dahinterstehenden Logistik über den gesamten Wertschöpfungsprozess, ausgehend von der Gewinnung von Rohstoffen über die Fertigungsstufen bis hin zum Konsumenten. Supply Chain Management hat somit die Aufgabe alle Prozesse aktiv zu gestalten, um Kunden oder Märkte wirtschaftlich mit Produkten, Gütern und Dienstleistungen zu versorgen. In Abgrenzung zum Begriff der Logistik beinhaltet das Supply Chain Management neben den physischen Aktivitäten auch die begleitenden Auftragsabwicklungs- und Geldflussprozesse. Planungsrelevante Daten sollen im SCM durch den papierlosen Austausch die Beschaffungs-, Produktions- und Vertriebsplanungen auf den verschiedenen Stufen aufeinander abstimmen.[13]

2.5 Bedeutung der Supply Chain für den Unternehmenserfolg

Welche Bedeutung die Supply Chain für Unternehmen, und vor allem auch für den Unternehmenserfolg hat, lässt sich anhand des Bedeutungswandels des Begriffes Lieferkette erahnen. Während nach früherem Verständnis mit der

---

[11] vgl. Kuhn, A., & Hellingrath, B. (2002). Supply Chain Management - Optimierte Zusammenarbeit in der Wertschöpfungskette. S.10
[12] vgl. ebd. S.33
[13] vgl. Gabler Verlag (Herausgeber). Stichwort: Supply Chain Management (SCM). Abgerufen am 20. April 2011 von Gabler Wirtschaftslexikon:
http://wirtschaftslexikon.gabler.de/Archiv/56470/supply-chain-management-scm-v7.html

Lieferkette lediglich die Bereitstellung von Material durch Zulieferer gemeint war, wird der Begriff heutzutage mit anderen Begriffen vermischt.

Die Wertschöpfungskette bzw. Wertkette, von Porter definiert als die zur Herstellung eines Produktes oder einer Dienstleistung innerhalb eines Unternehmens notwendigen Wertaktivitäten, ist heutzutage eng verknüpft mit dem Begriff der Lieferkette. Dies ist auf den Umstand zurückzuführen, das mittlerweile nur noch wenige Unternehmen eine hohe Fertigungstiefe aufweisen. Unternehmen konzentrieren sich vermehrt auf ihre Kernkompetenzen und kaufen die übrigen Aktivitäten die zur Herstellung eines Produktes notwendig sind sowie halbfertige und Zwischenprodukte von Zulieferern ein. Die Lieferkette wird in die Wertschöpfungskette integriert. Eine Begriffsabgrenzung zwischen der Lieferkette (Supply Chain) und der Wertschöpfungskette (Value Chain) ist somit nicht mehr eindeutig möglich.

Diese Entwicklung lässt die Supply Chain in ihrer neuen Bedeutung in den Fokus der Betrachtung durch Unternehmen treten. Um Produktion und Lieferung effizienter zu gestalten, Durchlaufzeiten zu Verkürzen und damit Lieferzeiten zu reduzieren, sowie die Reaktionszeit zu minimieren reicht es heute nicht mehr aus nur im eigenen Unternehmen nach Verbesserungspotentialen zu suchen. Eine integrierte Abstimmung der gesamten Lieferkette ist auch im Hinblick auf Kosten und Qualitätsziele wichtiger geworden. Durch die größere Arbeitsteilung, die mit dem Einkauf von System-Komponenten einhergeht, ist der Einfluss der Unternehmen auf deren Qualität geringer als zu Zeiten, da diese Teile noch im Unternehmen hergestellt wurden.[14]

Die Bedeutung der Supply Chain für Unternehmen ist aber auch durch andere Faktoren wichtiger denn je geworden. Durch den Preisdruck der unter anderem auch von der Transparenz und Dynamik der heutigen Märkte ausgeht, sind Unternehmen gezwungen auch auf Zulieferer außerhalb der Landesgrenzen zurückzugreifen. Diese Internationalisierung der Supply Chain bringt eine höhere Komplexität und damit einen größeren Koordinationsbedarf mit sich,

---

[14] vgl. Kuhn, A., & Hellingrath, B. (2002). Supply Chain Management - Optimierte Zusammenarbeit in der Wertschöpfungskette. S.16f

dem mit der alten Auffassung von Lieferketten nicht mehr begegnet werden kann. Zudem birgt die Lieferkette als Gesamtes betrachtet Optimierungspotentiale, die wenn nur im eigenen Unternehmen nach Verbesserungspotentialen gesucht wird, nicht erreicht werden können. Um mit den hergestellten Produkten am Markt bestehen zu können ist es bei den heute dominierenden Käufermärkten kaum noch möglich erfolgswirksam zu produzieren ohne die Kostenseite zu betrachten. Große Gewinnmargen lassen sich bei umfassend informierten und preissensitiven Konsumenten nicht mehr durch hohe Aufschläge auf die Herstellungskosten realisieren. Da aber auch die Zulieferer nicht beliebig im Preis gedrückt werden können, ohne sie langfristig zu verlieren, müssen im Rahmen von integrierten Supply Chains Verbesserungspotentiale gemeinschaftlich gesucht werden um beispielsweise Gesamtdurchlaufzeiten und Lieferzeiten zu reduzieren sowie eine höhere Flexibilität herzustellen.

2.6 Was soll optimiert werden?

Da das Supply Chain Management die gesamte Supply Chain zum Gegenstand hat, sind seine Zielsetzungen immer für die gesamte Supply Chain zu sehen und nicht als isoliertes Konzept für das Unternehmen. Das Hauptziel des Supply Chain Managements ist es, einen reibungslosen Lieferablauf innerhalb des Netzwerks zu gewährleisten. Darüber hinaus verfolgt das SCM aber noch weitere Ziele, die im Folgenden betrachtet werden sollen.

2.6.1 Verbesserter Informationsfluss und Bullwhip-Effekt

Ein mangelhafter Informationsfluss im Netzwerk kann für die beteiligten Unternehmen schwerwiegende Folgen haben. Wenn zum Beispiel Nachfrageinformationen in der Supply Chain unzureichend weitergegeben oder falsch interpretiert werden, kann es zu „Aufschaukelungseffekten" kommen, dem sogenannten Bullwhip-Effekt. [15] [16]

Beim Bullwhip-Effekt sorgen die mangelhafte Weitergabe von Informationen und die zeitliche Differenz zwischen Bestellung und Lieferung für eine Überinterpretation von Nachfrageschwankungen. Je größer die Entfernung eines Zulieferers von der Informationsquelle in der Supply Chain, desto stärker wirkt sich dieser Effekt aus. Der im deutschen auch Peitschenschlag genannte Effekt führt zu Über- oder Unterproduktion bei den Zulieferern, was – durch die Länge von Durchlaufzeiten und Umrüstzeiten – zu Engpässen oder großer Lagerhaltung auf jeder Stufe der Supply Chain führen kann. Aufgrund der hohen Kosten die mit großer Lagerhaltung verbunden sind und dem möglichen Verlust von Marktanteilen bei langen Lieferzeiten an den Konsumenten, stellt der Bullwhip-Effekt ein zentrales Problem der Supply Chain dar, welches mit dem Supply Chain Management vermieden werden soll. [17] [18]

2.6.2 Reduktion der Lagerhaltungskosten / Abbau von Beständen

Wie bereits oben beschrieben ist das Halten hoher Lagerbestände ein großer Kostenfaktor in der Supply Chain. Auf Lager liegende Produkte oder Rohstoffe binden Kapital das eventuell anderweitig benötigt werden würde. Ein wichtiges Ziel des Supply Chain Managements ist es daher die Bestände und dadurch auch die Kosten für die Lagerhaltung entlang der Supply Chain zu senken. Eine weit verbreitete Praktik um Lagerhaltungskosten zu senken ist die Just-in-Time-Lieferung, die bei vielen Unternehmen heutzutage Standard ist. Zwar wird bei dieser Strategie in der Supply Chain als Ganzes die Lagerhaltung reduziert, jedoch besteht hier die Gefahr, dass Zulieferer ihrerseits zum Halten

---

[15] vgl. Behr, T., & Tyll, T. (2003). Geschäftsprozesse - Ablaufoptimierung. S. 8
[16] vgl. Vahrenkamp, R. (2008). Logistik - Management und Strategien. S.28f
[17] vgl. Behr, T., & Tyll, T. (2003). Geschäftsprozesse - Ablaufoptimierung. Abgerufen am 20. April 2011 von Universität Erlangen-Nürnberg: http://www.economics.phil.uni-erlangen.de/bwl/lehrbuch/kap3/scm/scm.PDF. S.3
[18] vgl. Peitschenschlag-Effekt - Wirtschaftslexikon. Abgerufen am 20. April 2011 von Wirtschaftslexikon: http://www.wirtschaftslexikon24.net/d/peitschenschlag-effekt/peitschenschlag-effekt.htm

hoher Bestände gezwungen werden um pünktliche Lieferungen zu gewährleisten. Ein Ansatz der auf eine integrierte Supply Chain abzielt und längerfristige, partnerschaftliche Kunden-Lieferanten-Beziehungen in der Supply Chain anstrebt versucht diese Umverteilung des Risikos jedoch zu vermeiden. [19] [20] [21]

2.6.3 Zeitziele / Reaktionsfähigkeit

Eine weitere Zielkategorie des Supply Chain Management stellen die Zeitziele dar. Insbesondere werden hier Reaktionszeiten, Durchlaufzeiten und Innovationsgeschwindigkeit betrachtet. So hat die Verkürzung von Reaktionszeiten zum Beispiel durch die Minimierung von Rüstzeiten zur Folge, das Unternehmen schneller auf Nachfrageänderungen reagieren können. Damit ist ein Unternehmen in der Lage seine Produktion flexibel auf die aktuelle Nachfrage abzustimmen. Kurze Durchlaufzeiten helfen Lagerhaltung zu vermeiden und ermöglichen ihrerseits kurze Lieferzeiten. Zusätzlich wird durch eine gesteigerte Reaktionsgeschwindigkeit teure Lagerhaltung von Produkten vermieden. Die Innovationsgeschwindigkeit stellt hier einen ebenso zentralen Aspekt dar, da Unternehmen, die den Markt mit innovativen Produkten versorgen eine weit höhere Rendite erzielen können, wenn sie die ersten sind, die das neue Bedürfnis auf dem Markt befriedigen können. Die Time-to-Market kann etwa durch Prinzipien wie Simultaneous Engineering stark reduziert werden. Betont werden muss an dieser Stelle, dass insbesondere für die Zeitziele eine Betrachtung und Optimierung der gesamten Supply Chain notwendig ist. Das SCM strebt die Vernetzung der gesamten Supply Chain vom

---

[19] vgl. Kuhn, A., & Hellingrath, B. (2002). Supply Chain Management - Optimierte Zusammenarbeit in der Wertschöpfungskette. S. 10.
[20] vgl. Behr, T., & Tyll, T. (2003). Geschäftsprozesse - Ablaufoptimierung. Abgerufen am 20. April 2011 von Universität Erlangen-Nürnberg: http://www.economics.phil.uni-erlangen.de/bwl/lehrbuch/kap3/scm/scm.PDF. S.4
[21] vgl. Corsten, D., & Gabriel, C. (2004). Supply Chain Management erfolgreich umsetzen: Grundlagen, Realisierung und Fallstudien. S.6

Rohstofflieferanten über die Hersteller und Händler bis zum Endverbraucher an um die Gesamtdurchlaufzeit zu reduzieren.[22]

2.6.4 Steigerung der Kundenzufriedenheit / Ausrichtung am Kunden

Nicht zu vernachlässigen ist auch das Ziel der Erhöhung der Kundenzufriedenheit. Ein reibungsloser Lieferablauf im Netzwerk und eine transparente Informationspolitik in der Supply Chain sollen dafür sorgen, dass die Konsumenten ihre Produkte termingerecht bekommen. Zudem betrachtet ein effektives Supply Chain Management nicht nur die Optimierung der Lieferkette, sondern bezieht auch die „Demand"-Seite, also den Konsumenten mit ein. So werden in modernen, integrierten Supply Chains nicht nur die Lieferanten an der Produktentwicklung beteiligt, sondern auch die Verbraucher mit einbezogen. Die Unternehmen im Netzwerk erfahren frühzeitig, was der Markt genau will, und können gezielt den Kundennutzen erhöhen um sich mit ihren Produkten vom Wettbewerb abzuheben. Beides wirkt sich positiv auf die Kundenzufriedenheit aus. [23] [24]

2.6.5 Nutzung von Synergieeffekten im Netzwerk

Aus der engen Vernetzung in der Supply Chain sollen partnerschaftliche Kooperationen mit Zulieferern resultieren. In funktionierenden, integrierten Supply Chains können zusätzlich zu den genannten Zielen Synergieeffekte entstehen, die dem gesamten Netzwerk dienen im Wettbewerb mit anderen Supply Chains zu bestehen. Beispiele für Synergieeffekte können sein:

1. Gemeinsame Forschungs- und Entwicklungsaktivitäten

---

[22] vgl. Corsten, D., & Gabriel, C. (2004). Supply Chain Management erfolgreich umsetzen: Grundlagen, Realisierung und Fallstudien. S8
[23] vgl. Corsten, D., & Gabriel, C. (2004). Supply Chain Management erfolgreich umsetzen: Grundlagen, Realisierung und Fallstudien. S.8
[24] vgl. Behr, T., & Tyll, T. (2003). Geschäftsprozesse - Ablaufoptimierung. Abgerufen am 20. April 2011 von Universität Erlangen-Nürnberg: http://www.economics.phil.uni-erlangen.de/bwl/lehrbuch/kap3/scm/scm.PDF. S.5

Durch die Zusammenarbeit von Herstellern und Zulieferern in der Supply Chain können gemeinsame Forschungs- und Entwicklungsaktivitäten durchgeführt, und somit Kosten eingespart werden. Die Ergebnisse und Innovationen, die aus solchen Zusammenarbeiten hervorgehen stehen dann den Beteiligten in gleichem Maße zur Verfügung und tragen dazu bei einen Wettbewerbsvorteil zu erlangen oder auszubauen.

2. Entstehen von Systemzulieferern

   Der Trend, dass sich Unternehmen verstärkt auf ihre Kernkompetenzen konzentrieren resultiert in einer geringeren Fertigungstiefe. Zugleich entstehen Modul- und Systemzulieferer, die sich jeweils auf die Fertigung von Baugruppen und Modulen spezialisieren.[25]

3. Auslastung von Transportmitteln

   Eine gemeinsame Nutzung von Transportunternehmen führt zu weniger Leerfahrten und reduziert die Transportkosten. Zusätzlich treten die kooperierenden Unternehmen dem Transportunternehmer mit größerer Verhandlungsmacht gegenüber.

4. Reduzierung der Lagerhaltungskosten

   Räumlich nahe beieinander angesiedelte Zulieferer und Hersteller können weitere Einsparpotentiale nutzen, indem sie ein gemeinsames Lager einrichten.[26]

2.7 Drei-Säulen-Ansatz vom Hellingrath und Kuhn

Bei der Umsetzung des Supply Chain Managements möchten wir uns auf den Ansatz von Hellingrath und Kuhn den sie in Ihrem Buch „Supply Chain Management – Optimierte Zusammenarbeit in der Wertschöpfungskette" darstellen, konzentrieren.

---

[25] vgl. Vahrenkamp, R. (2008). Produktionsmanagement. S.297f
[26] vgl. Behr, T., & Tyll, T. (2003). Geschäftsprozesse - Ablaufoptimierung. Abgerufen am 20. April 2011 von Universität Erlangen-Nürnberg: http://www.economics.phil.uni-erlangen.de/bwl/lehrbuch/kap3/scm/scm.PDF. S.6

Der Ansatz der beiden Autoren stützt sich auf die drei folgenden Säulen, die ein erfolgreiches Management der Supply Chain sicherstellen sollen:

1. Partnerschaftliches, prozessorientiertes Kooperationsmanagement in Wertschöpfungsketten

2. Re-Design der Kernprozesse

3. IT als Enabler und Katalysator

Die einzelnen Säulen des Ansatzes sollen kurz vorgestellt werden.

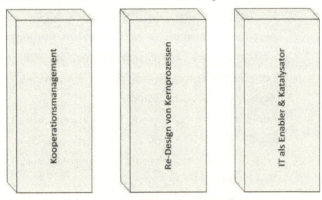

Abbildung 2: Drei Säulen des SCM[27]

2.7.1 Kooperationsmanagement

Mit Kooperationsmanagement ist die Integration der gesamten Logistikkette über die beteiligten Unternehmen hinweg und innerhalb des eigenen Unternehmens gemeint. Aus den im Vorangegangenen betrachteten Zielsetzungen des Supply Chain Managements ergibt sich die Notwendigkeit zur integrierten Kooperation entlang der gesamten Supply Chain. Um auf die schwankenden und verstärkt trendgesteuerten Nachfrageverhalten der Konsumenten reagieren und erlöswirksam Produkte am Markt absetzen zu können, ist Zusammenarbeit unerlässlich. Zum Erreichen von Partnerschaftlichen Beziehungen ist dafür ein Umdenken erforderlich, das den

---

[27] vgl. Kuhn, A., & Hellingrath, B. (2002). Supply Chain Management - Optimierte Zusammenarbeit in der Wertschöpfungskette. S.23

Blickwinkel über die Grenzen des eigenen Unternehmens hinweg ausweitet und Zulieferer sowie Abnehmer mit einbezieht. Die Ressourcen der gesamten Supply Chain gilt es optimal einzusetzen. [28]

Ebenso wichtig ist die Festlegung auf gemeinsame Ziele. Das bedeutet, das Unternehmen nicht mehr ausschließlich auf die Verfolgung ihrer Unternehmensziele ausgerichtet sind, sondern ihr Zielsystem auf die gemeinschaftlich mit den Partnern der Supply Chain vereinbarten Ziele ausdehnen. Das eingangs betrachtete Zitat von Martin Christopher, demzufolge zukünftig anstatt Unternehmen Supply Chains miteinander im Wettbewerb stehen, bestärkt diese Notwendigkeit.

2.7.2 Re-Design der Kernprozesse

Das Re-Design von Kernprozessen und die ganzheitliche, prozessorientierte Gestaltung und Steuerung aller Flüsse von Informationen, Materialien und Finanzmitteln in der Wertschöpfungskette stellt die zweite Säule des Ansatzes von Hellingrath und Kuhn dar. Jeder Prozess ist aus der Sicht des Kunden zu hinterfragen und es gilt zu prüfen ob der Prozess für den Kunden einen Mehrwert schafft. Weiter müssen relevante Kernprozesse neu definiert werden. Insbesondere die Logistik-Prozesse müssen sich der Flexibilität und Dynamik der Supply Chain anpassen. Die zentrale Rolle des Informationsflusses muss in den neuen Prozessen zur Geltung kommen um Bedarfs- und Kapazitätsinformationen reibungslos und schnell entlang der Supply Chain fließen zu lassen. Der Materialfluss muss durch entsprechend ausgestaltete Materialfluss-Systeme gewährleistet werden können. [29]

In diesem Zusammenhang sind auch die Schnittstellen zu den Partnern in der Supply Chain zu überprüfen. Eine Optimierung der Prozesse des eigenen Unternehmens ohne eine ganzheitliche Betrachtung und Optimierung der Prozesse von Zulieferern und Abnehmern widerspricht dem Ansatz des Supply

---

[28] ebd. S.23.
[29] vgl. Kuhn, A., & Hellingrath, B. (2002). Supply Chain Management - Optimierte Zusammenarbeit in der Wertschöpfungskette. S. 28

Chain Management, da die Optimierung des Gesamtsystems erfolgversprechender ist als die Optimierung von Teilsystemen.[30]

2.7.3 IT als Enabler und Katalysator

Betrachtet man die dargestellten Zielsetzungen, wird deutlich, dass der schnelle Informationsaustausch und die integrierte Planung über eine komplexe Supply Chain hinweg nur mit entsprechender Software möglich sind.[31]

Der Einsatz moderner IT-Systeme mit den fundamentalen Funktionen Koordination und Kommunikation dient beim Supply Chain Management als Instrument, das das Management von komplexen Supply Chains erst möglich macht. SCM-Systeme dienen der Planung und Steuerung der Prozesse der Wertschöpfungskette und ermöglichen, durch den Abbau der Informationsbarriere zwischen den Unternehmen, die Kommunikation entlang der Supply Chain. Ziel der Koordination ist es, Optimierungsverluste, die sich aufgrund mangelnder Abstimmung voneinander abhängiger Entscheidungen ergeben, zu verhindern.[32] SCM-Systeme schaffen eine unternehmensübergreifende Informationstransparenz über Bedarfe, Kapazitäten und Bestände der Unternehmen, so dass eine Entscheidungsunterstützung betrieblicher Abläufe in Echtzeit gefördert wird. Außerdem dienen sie zur komplexen Betrachtung von Szenarien, die mehrere Unternehmen umfassen. Im Rahmen von Planungsprozessen unterstützen sie kooperatives Prozesscontrolling und Exception Handling. Zur Planung von Kapazitäten und Beständen in der Supply Chain sowie zur genauen Prognose von kommenden Bedarfen bieten diese Software-Lösungen eine Vielzahl von modernen und effizienten Algorithmen Häufig werden Supply Chain Management Softwarelösungen auch als Advanced Planning & Scheduling Systeme (APS) bezeichnet. Üblicherweise werden Supply Chain Management Systeme als Erweiterung klassischer ERP-Systeme eingebunden. Im Gegensatz zu den

---

[30] vgl. ebd. S.11
[31] vgl. Kuhn, A., & Hellingrath, B. (2002). Supply Chain Management - Optimierte Zusammenarbeit in der Wertschöpfungskette. S.31
[32] vgl. Ebd. S.22

klassischen ERP-Systemen haben SCM-Systeme einen Unternehmensübergreifenden Blick zur Integration der Supply Chain.[33]

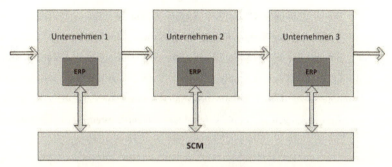

Abbildung 3: Zusammenhang zwischen ERP- und SCM-Systemen[34]

Damit liegt der Fokus der heute auf dem Markt angebotenen SCM-Systeme auf der verbesserten Kapazitätsplanung der verschiedenen Ebenen eines Netzwerkes sowie der Verbesserung der Prognose von Kundenbedarfen. Die SCM Systeme greifen dabei auf die in den PPS-Systemen bzw. ERP-Systemen vorhandenen Daten zurück und ergänzen sie um weitere Funktionen. Bei einer simultanen Planung von Kapazitäten und Material berücksichtigen SCM-Systeme verschiedene Randbedingungen von Produktion und Logistik und erlauben dem Anwender durch eine hohe Verarbeitungsgeschwindigkeit die Analyse verschiedener Szenarien.[35]

Mit steigender Relevanz des Themas E-Business erfahren die bisherigen Softwarelösungen für das Supply Chain Management eine Erweiterung um Systeme für das E-Procurement und E-Fulfillment zu integrieren.[36]

---

[33] vgl. Peitschenschlag-Effekt - Wirtschaftslexikon. Abgerufen am 20. April 2011 von Wirtschaftslexikon: http://www.wirtschaftslexikon24.net/d/peitschenschlag-effekt/peitschenschlag-effekt.htm
[34] vgl. Vahrenkamp, R. (2008). Produktionsmanagement. S.217.
[35] vgl. Kuhn, A., & Hellingrath, B. (2002). Supply Chain Management - Optimierte Zusammenarbeit in der Wertschöpfungskette. S. 31
[36] vgl. ebd. S.31

3 Supply Chain Management – Systeme

Nachdem wir im vorangegangenen Teil zunächst die grundlegenden Einflussfaktoren die auf die heutigen Supply Chains wirken herausgestellt, die Begriffe Supply Chain und Supply Chain Management erklärt, sowie die Bedeutung der Supply Chain für Unternehmen erklärt haben, wollen wir uns nun mit der dritten Säule des Ansatzes von Hellingrath und Kuhn befassen. Die IT als Enabler und Katalysator wird in der Praxis mit verschiedenen Lösungen umgesetzt. Dabei sollen drei ausgewählte Systeme ausgehend von den Anforderungen an Supply Chain Management- Systeme dargestellt werden.

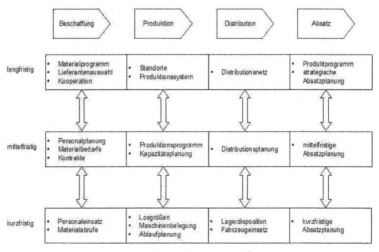

Abbildung 4: Planungsmatrix[37]

3.1 Anforderungen und Leistungsmerkmale von SCM-Systemen

An Supply Chain Management Systeme lassen sich zwei verschiedene Kategorien von Anforderungen formulieren. Die erste Kategorie sind die funktionalen Anforderungen, welche die eigentlichen Funktionen eines Supply

---

[37] vgl. Vahrenkamp, R. (2008). Produktionsmanagement. S. 220.

Chain Managements enthält. Es handelt sich dabei vor allem um Produktionsplanungs- und –steuerungsaufgaben, erweitert durch angrenzende Planungsbereiche wie Absatz- und Transportplanung oder Kapazitäts- und Auftragsplanung.

Die zweite Kategorie sind die nicht-funktionalen Anforderungen an SCM-Systeme. Es handelt sich hierbei um Aufgaben, die eher unspezifische und allgemeine Erwartungen an die Eigenschaften von Softwaresystemen darstellen.

Zu den funktionalen Anforderungen an Supply Chain Management Systeme gehören:

- die Nachfrageprognose zur besseren Planung innerhalb der Lieferkette,
- die Planung des Logistiknetzwerkes zum räumlichen Aufbau des Unternehmensnetzwerkes und zur Integration der Partner,
- das Supply Network Planning, welches die Abstimmung der Absatz-, Produktions-, Beschaffungs-, Lager- und Transportplanung unterstützt,
- die globale Verfügbarkeitsprüfung, die vor allem der genauen Terminplanung dient,
- die Produktionsplanung, die die Produktionsaufträge innerhalb des Unternehmensnetzwerkes auf die verschiedenen Standorte, basierend auf Terminvorgaben, Rohmaterialverfügbarkeit und Auslastung, verteilt,
- die Transport und Tourenplanung, welche hilft Transportrouten, Transportmitteleinsatz und Transportzeiten zu planen. [38]

Die nicht funktionalen Anforderungen beruhen insbesondere auf den Aspekten:

- Planungsgeschwindigkeit, um schnell auf Änderungen in der Verfügbarkeit der Rohmaterialien oder Nachfrageschwankungen reagieren zu können,

---

[38] vgl. Zelewski, S., Hohmann, S., & Hügens, T. (2008). Produktionsplanungs- und -steuerungssysteme: Konzepte und exemplarische Implementierung mithilfe von SAP R/3. S.822f

23

- Schnittstellenmanagement, welches wichtig ist um ein reibungsloses Zusammenspiel verschiedener Systeme zu garantieren und Informationsverluste zu vermeiden,

- Integrationsfähigkeit, die vor allem für die Einbindung des SCM-Systems in ein ERM-System notwendig ist, aber auch die Integration von Dokumenten aus Standardsoftwareprodukten, z.B. aus der Microsoft Office Familie, ermöglicht,

- Monitoring, zur Früherkennung von Störungen um damit die Möglichkeit zu geben, rechtzeitig auf Engpässe oder Fehler reagieren und den Informations- und Materialfluss aufrecht erhalten zu können,

- Controlling, zur Überwachung der wichtigen Kennzahlen und dem Bewerten der verschiedenen Partner innerhalb des Supply Chain Netzwerkes.

Beide Anforderungstypen sind für das Funktionieren eines Supply Chain Management Systems wichtig und können in einem optimalen Zusammenspiel einen entscheidenden Wettbewerbsvorteil gegenüber den Mitbewerbern darstellen.[39]

Im Gegensatz zu ERP-Systemen ist es bei SCM-Systemen notwendig, dass eine Simultanplanung aller Supply Chains innerhalb eines Unternehmens realisiert wird, da bei diesen Systemen die Entscheidungsunterstützung im Vordergrund steht. Ein manuelles Eingreifen des Nutzers muss daher immer möglich zu sein um auch Informationen, die noch nicht im System verarbeitet sind mit in den Entscheidungsprozess einfließen lassen zu können.[40]

---

[39] vgl. Zelewski, S., Hohmann, S., & Hügens, T. (2008). Produktionsplanungs- und -steuerungssysteme: Konzepte und exemplarische Implementierung mithilfe von SAP R/3. S.823f
[40] vgl. Kuhn, A., & Hellingrath, B. (2002). Supply Chain Management - Optimierte Zusammenarbeit in der Wertschöpfungskette. S.138.

3.2 Marktanalyse

Auf dem Softwaremarkt gibt es eine Vielzahl von Lösungen die sich mit Supply Chain Management beschäftigen. Die meisten dieser Systeme arbeiten eng mit den ERP-Systemen der Unternehmen zusammen und so ist es nicht verwunderlich, dass sich auch die namhaften Hersteller von ERP-Systemen dazu entschieden haben, SCM-Softwaremodule in ihre Unternehmenssoftwarelösungen zu integrieren. Als bekanntester Anbieter ist hier das Unternehmen SAP zu nennen. Andere Hersteller sind eher dazu übergangen eine enge Zusammenarbeit mit speziellen Anbietern von SCM-Software einzugehen. Als Vertreter dieser Strategie ist wahrscheinlich Oracle am bekanntesten, die eng mit i2 Technologies zusammen gearbeitet haben. Im Folgenden wollen wir drei Systeme näher vorstellen.

3.2.1 i2 Trade Matrix von i2 Technologies

i2 Trade Matrix von i2 Technologies ist eine Supply Management Softwarelösung die mannigfaltige Funktionen zur Planung und zum Management einer Supply Chain beinhaltet. Neben dem Supply Management finden sich in dieser Software auch eine Supplier Relationship Management und eine Customer Relationship Management – Komponente, welche in einer graphischen Oberfläche vereint sind. Über Trade Matrix kann die gesamte Kommunikation zwischen den Komponenten des Absatzplanungssystems koordiniert werden und der Datenzugriff auf ein oder mehrere Enterprise Relationship Management – Systeme erfolgen. Zusätzlich ist auch es zudem möglich Informationen über Internetanwendungen zu integrieren. Aus der i2 TradeMatrix Plattform sind aber nur einige Module für die Planung und Konfiguration der Supply Chain notwendig.

Das Modul Supply Chain Strategist dient zur strategischen und taktischen Planung und ist darauf angelegt, eine Optimierung der Profitabilität herbeizuführen. Mit seinem langfristigen Planungshorizont wird versucht die optimalen Standorte für Produktionsstätten, Lager und Distributionseinrichtungen zu ermitteln. Um dies zu realisieren werden Key Performance Indikatoren gebildet, z.B. Lagerbestand oder Absatzerwartung, und verschiedene Szenarien mit What-if-Analaysen verknüpft um zu prüfen ob die KPI auch in veränderten Situationen erreicht oder erhalten werden können. Das Management hat somit ein starkes Werkzeug in der Hand um die Auswirkungen strategischer Entscheidung auf den operativen Verlauf zu simulieren.[41]

Eine Prognosefunktion für die kurz- und mittelfristige Absatzplanung wird mit dem Modul Demand Planner geliefert. Es erlaubt dem Benutzer statistische Verfahren anzuwenden und mit diesen mögliche Entwicklungen in der Zukunft vorherzusagen. Dazu werden 35 verschiedene Prognoseverfahren zur Verfügung gestellt, welche auch mit einander verknüpft werden können. Die benötigten Daten werden aus dem Data Warehouse und dem ERP-System übernommen. Aus der Absatzplanung im Top-Level, den Fertigwaren einer Produktgruppe, können die Absatzplanungen in niedrigeren Hierarchiestufen herausgelöst werden. Damit ist es möglich aus der Absatzplanung heraus die Menge der einzelnen benötigten Komponenten zu ermitteln.[42]

Zur Modellierung der Supply Chain unter gegebenen Restriktionen, z.B. Kapazitäten oder Transportdauer, wird der Supply Chain Planner mitgeliefert. Mit seiner Hilfe können Probleme definiert und Lösungsverfahren wie Lineare Programmierung oder Heuristiken eingesetzt werden.

Mit dem Demand Fullfillment erhält man ein Modul zur Überwachung der Bestände an Fertigwaren, Zwischenprodukten und Rohmaterialien. Ebenso kann die Verfügbarkeit von Rohstoffen und Produktions- und Absatzkapazitäten im Auge behalten werden. Des Weiteren lassen sich mögliche Liefertermine für die eigenen Kundengruppen bestimmen und verbindliche Aussagen zu vom Kunden gewünschten Lieferzeitpunkten treffen.

Zum Erstellen optimierter Produktionspläne wird der Factory Planner genutzt. Ziel ist es entweder ausgehend vom Planungszeitpunkt einen Liefertermin zu

---

[41] vgl. Vahrenkamp, R. (2008). Produktionsmanagement. S.221f
[42] ebd. S.222f

bestimmen, oder den spätesten Zeitpunkt des Produktionsstarts für einen gegebenen Liefertermin zu bestimmen. Die Planungsfestlegung lässt sich wiederum mit verschiedenen What-If-Analysen überprüfen und manuell ändern. Des Weiteren kann diese Planung auch simultan für mehrere Produktionsstätten durchgeführt werden.[43]

Der Scheduler besteht aus einer Optimierungseinheit, welche generische Algorithmen, Ablaufplanungsfunktionen und Funktionen zur Restriktionsauflösung beinhaltet, und einer graphischen Oberfläche die die Ergebnisse veranschaulicht. Auf Basis der generischen Algorithmen werden die Produktionspläne in Sequenzen zerlegt und darauf passende Maschinenbelegungspläne erstellt. Mit dem Scheduler ist es möglich auch große und komplexe Auflagen zu handhaben. Kapazitäten einzelner Produktionslinien, Maschinenauslastungen und die Verfügbarkeit von Materialien werden dabei automatisch berücksichtigt. Auch hier ist es wieder möglich manuell einzugreifen, wenn die geplanten Abläufe durch unvorhersehbare Ereignisse gestört werden.

Der Transportation Planner ist das Modul, welches die Distributionsplanung unterstützt. Es deckt dabei alle Ausführungs- und Handhabungsaktivitäten der Transporte ab. Der Transportation Planner ist dabei in die Modellierungsfunktion, zur effizienten Nutzung des Transportnetzes, und die Optimierungsfunktion unterteilt. Letztere fügt einzelne Sendungen zu Ladungen zusammen und plant den Transportablauf inklusive der Routen, Umschlag- und Ladestellen und Anlieferzeiten.[44]

Das Unternehmen i2 Technologies wurde im Januar 2010 von der JDA Software Group übernommen und die Erfahrungen und Patente in die JDA eigene SCM-Softwarelösung übernommen. i2 findet sich aber auch heute noch in vielen großen Unternehmen wie DELL, HP oder JCPenney.[45]

---

[43] vgl. Vahrenkamp, R. (2008). Produktionsmanagement. S.223
[44] vgl. ebd. S.223f
[45] vgl. JDA - Software Group. i2 - JDA Sofware - The Supply Chain Company. Abgerufen am 20. April 2011 von Supply Chain Management - JDA Sofware - The Supply Chain Company: http://www.jda.com/company/i2-acquisition/

3.2.2 SAP SCM

SAP als eines der führenden Unternehmen von ERP-Systemen bietet im Rahmen seiner Softwarelösungen mit mySAP SCM auch ein System zum Management der Lieferketten an. mySAP SCM ist hierbei ein Teil der mySAP Business Suite und beschreibt die Prozesse welche die SAP-Lösung für das Supply Chain Management bereitstellt. Es arbeitet mit den anderen Teilen der SAP-Softwarelösung, wie zum Beispiel dem mySAP CRM zusammen.[46] SAP SCM besteht aus verschiedenen eng miteinander verzahnten Komponenten. Zum einen wäre das SAP Advanced Planning and Optimization (APO), welches zur Konfiguration und Planung der gesamten Supply Chain eingesetzt wird. Das Hauptaugenmerk liegt auf der Vorhersage der Kundenwünsche, der damit verbundenen Absatzplanung und der Zusammenarbeit mit externen Partnern. Eine weitere Rolle spielt die Planung des Versands mit der Zusammenstellung der Sendungen und deren Bündelung zu Ladungen.[47]

Die Komponente SAP Forecast and Replenishment (SAP F&R^{TM}) wurde vornehmlich als Alternative zu SAP APO^{TM} für den Einzelhandel konzipiert. Damit ist es möglich Nachbestellungen auch bei sehr hohem Warendurchsatz sicher zu planen. Für die Überwachung und Verfolgung von Sendungen innerhalb der Bestellketten, also der Supply Chain-Prozesse sowohl inner- als auch außerhalb des Unternehmens, ist das SAP Event Management (SAP EM^{TM}) zuständig. Es ist auch zu anderen SCM Applikationen kompatibel und wird vor allem in der Bestellüberwachung der Konsumgüterindustrie angewandt.

Zu einem guten Supply Chain Management wir auch eine Schnittstelle benötigt, die eine industrieunabhängige Zusammenarbeit sowohl mit den Zulieferern als auch mit den eigenen Kunden ermöglicht. Diese Schnittstelle für eine Zusammenarbeit über das Internet bietet das SAP Supply Network Collaboration (SAP SNC^{TM}), früher unter dem Namen SAP Inventory

---

[46] vgl. Knolmeyer, G., et al. (2009). Supply Chain Management Based on SAP Systems: Architecture und Planning Processes. S. 59f
[47] vgl. ebd. S.73 f

Collaboration Hub (SAP ICH™) bekannt, welches SAP SCM™ nicht zwingend voraussetzt und auch separat erworben werden kann. Abgerundet wird das SAP SCM durch die Lagerverwaltungskomponente SAP Extended Warehouse Management. [48]

3.2.3 Microsoft Dynamics NAV

Microsoft bietet mit Dynamics NAV ebenfalls eins System zur Einrichtung und Überwachung einer Supply Chain vor allem für kleine und mittelständische Unternehmen an. MS Dynamics NAV soll dazu die Transparenz der Supply Chain erhöhen und somit die Abwicklung der Prozesse verbessern. Die Bereitstellung von aktuellen Daten für Mitarbeiter und Handelspartner wird durch die Integration der folgenden Funktionsbereiche erreicht:

- Supply Chain Management
- Finanzmanagement
- Manufacturing
- Warehouse Management
- Distribution
- Customer Relationship Management

Verbesserungen werden dadurch erreicht, dass die Daten standardisiert gespeichert werden und somit über die normalen Kommunikationswege innerhalb der gesamten SC synchronisiert werden können. Es damit wird eine unternehmensübergreifende Transparenz hergestellt und die Zusammenarbeit der Partner gefördert. Änderungen in den Bestellmengen sind sofort für jede Stufe der Supply Chain erkennbar, wodurch Überproduktion und Fehlmengen minimiert werden können. [49]

---

[48] vgl. Knolmeyer, G., et al. (2009). Supply Chain Management Based on SAP Systems: Architecture und Planning Processes. S.75
[49] vgl. Microsoft Corporation. (Januar 2009). Microsoft Dynamics NAV 2009 - Supply Chain Management. S.3ff

Wichtig für die Planung der internen Prozesse ist auch eine Bereitstellung von Echtzeitdaten für alle angeschlossenen innerbetrieblichen Abteilungen. MS Dynamics realisiert dies durch die Zentralisierung aller Daten. Da sämtliche Daten in einer zentralen Datenbank gespeichert werden, können sich überschneidende Dateneingaben verringert werden. Die Microsoft-Integration stellt sicher, dass auch auf Daten anderer Microsoftprodukte zugegriffen werden kann. Ein Austausch von Produkt- oder Kundenstammdaten ist somit einfach zu gewährleisten. Integration innerhalb des Unternehmens ist eine Sache, wichtig ist aber auch der Zugriff auf Daten der Partner innerhalb der Supply Chain. Durch den direkten Datenzugriff auf die eigenen Zulieferer ist es möglich schneller auf Werbe- oder Sonderangebote zu reagieren und auf Informationen zu Materialbeständen bzw. Materialbeschaffenheiten zuzugreifen.[50]

Ein weiterer wichtiger Punkt den MS Dynamics NAV für das Funktionieren einer internationalen Supply Chain erfüllt, ist die Unterstützung verschiedener Währungen und Sprachen. Dies erleichtert die Zusammenarbeit in und zwischen international tätigen Unternehmen, vor allem in den Bereichen der Finanztransaktionen und dem Berichtswesen. [51]

Dadurch ist es möglich Prozesse unternehmensweit zu optimieren. So können z.B. die gesamten Prozesse von der Kommissionierung bis hin zur Lieferung durch eine einmalige Dateneingabe automatisiert werden. Die Konsequenz daraus ist eine wesentlich geringere Fehlerrate und die Verfügbarkeit derselben aktuellen Daten für alle angeschlossenen Partner.[52]

Spezielle Werkzeuge von MS Dynamics NAV ermöglichen es Fertigungs- und Distributionsunternehmen bei der Lagerverwaltung Zeiteinsparungen zu verwirklichen. Rohmaterial, unfertige und fertige Erzeugnisse können nachverfolgt werden und die Arbeitsabläufe für einen besseren Warenfluss optimiert werden. Diese Beschleunigung kann sich optimaler weise entlang der

---

[50] vgl. Microsoft Corporation. (Januar 2009). Microsoft Dynamics NAV 2009 - Supply Chain Management. S. 6
[51] ebd. S. 7
[52] ebd. S. 8

gesamten Supply Chain bemerkbar machen.[53] Neben der Materialflussbeschleunigung kann durch die Automatisierung und Straffung der Wiederbeschaffung Zeit eingespart und der Lagerbestand verringert werden. MS Dynamics NAV bietet auch hierfür verschiedene Werkzeuge an und hilft bei den Entscheidungen in der Beschaffungsplanung.[54]

3.3 Die Bedeutung von SCM-Systemen für Unternehmen

Nachdem wir nun schon aufgezeigt haben wie wichtig SCM-Systeme für Unternehmen sind, wollen wir das noch an einem Beispiel näher aufzeigen. Ausgewählt haben wir Dell, da Dell schon sehr früh innerhalb seiner Branche die Bedeutung des Aufbaus einer funktionierenden Supply Chain Management, sowie des dazugehörigen Supply Chain Managements erkannt und realisiert hat.

3.3.1 valuechain.dell.com

Dell führte im Jahre 1998 das Informationsportal valuechain.dell.com ein, ein Internetportal und eine Austauschplattform für die mit Dell innerhalb der Lieferketten verknüpften Unternehmen. Das Unternehmen stellt seinen Partnern hierbei eine Fülle von Informationen bereit, damit diese sich besser auf zukünftige Marktgeschehnisse vorbereiten und auf aktuelle Ereignisse besser reagieren können. Zulieferer können sich jederzeit einen Überblick über Lagerbestände, Liefer- und Nachfragedaten informieren, Daten über Komponentenqualität austauschen und mit Dell Nachfrage- und Produktionsvorhersagen teilen. Diese hohe Transparenz innerhalb der Supply Chain erfordert ein maximales Vertrauen untereinander und wird schon bei der Auswahl der angeschlossenen Teilnehmer von Dell berücksichtigt.

---

[53] ebb. S. 10f
[54] vgl. Microsoft Corporation. (Januar 2009). Microsoft Dynamics NAV 2009 - Supply Chain Management. S.11

Im Einzelnen übernehmen drei Unterprogramme von valuechain.dell.com diese Aufgaben:[55]

Collaboration Enablers:

Dieses Unterprogramm dient der Kommunikation zwischen Dell und den Zulieferern und es zeigt die wichtigsten Ansprechpartner beider Seiten sowie deren Erreichbarkeit. Zusätzlich kann man die Protokolle vorangegangener Gespräche und Meetings einsehen und somit schnell einen Sachverhalt nachschlagen oder abgeschlossene Transaktionen im Nachhinein noch einmal Revue passieren lassen. Eine weitere Zusammenarbeit wird durch den Einsatz von Musterformularen vereinfacht.

Global Supply Planning:

Mit dem Global Supply Planning werden die globalen Warenströme von Dell gestaltet. Da Dell über dieses Teilprogramm auch seinen Einkauf tätigt, findet sich hier die gebündelte Marktmacht Dells, die zum Aushandeln besser Lieferkonditionen eingesetzt wird. Die Zulieferer können in diesem Bereich sämtliche Kooperations- und Lieferverträge sowie die im letzten Absatz genannten Produktionsvorhersagen einsehen. Dell lässt sich über das Global Supply Planning auch Scorecards seiner Zulieferer erstellen. So kann jeder Zulieferer nach seinen Leistungen anhand von Kosten, Qualität, Zuverlässigkeit und Kontinuität seiner Lieferungen beurteilt werden. Durch verschiedene Filteroptionen ist es auch möglich sich die Daten nur auf bestimmte Zeiträume oder bestimmte Punkteklassen sortiert ausgeben zu lassen.

---

[55] vgl. Amherd, B. (2002). Fallstudie - Dell Computer (Schweiz) AG. S.10

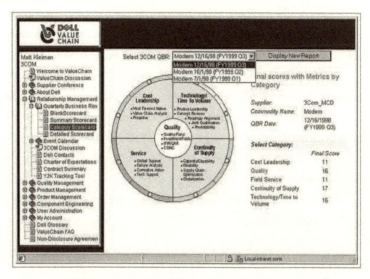

Abbildung 5: valuechain.dell.com Scorecard am Beispiel 3com[56]

Demand Fullfilment:

Aufgabe des Demand Fullfilments ist das Zuordnen der Komponenten und des Materials zu den verschiedenen Kundenbestellungen. Der Detaillierungsgrad ist hierbei so genau, dass einzelne Bauteile genau einem Kunden zugeordnet werden können. Des Weiteren sind auch wieder diverse Filtermechanismen vorhanden, die es erlauben Statistiken über einzelne Produkte oder Kundengruppen auszugeben.[57]

3.3.2 i2

Obschon die Supply Chain bei Dell schon sehr gut funktionierte, wollte man die Zusammenarbeit mit den Lieferanten noch weiter verbessern. 2001 wurde daher i2 Technologies beauftragt, ihr SCM-Produkt auf die Ansprüche von Dell anzupassen. Entstanden ist dabei eine Software, die eine vollständig synchronisierte   computergestützte   Bestellannahme,   von   der

---

[56] vgl. Owen, R. (1999); Quelle: Amherd, B.; Fallstudie – Dell Computer (Schweiz) AG; S. 22
[57] vgl. Amherd, B. (2002). Fallstudie - Dell Computer (Schweiz) AG. S.11 ff.

Komponentengestaltung bis zur Produktionsplanung, ermöglicht. Diese Softwarelösung ist aber nicht mehr auf globale Belange ausgerichtet, sondern an den jeweiligen Produktionsstandort angepasst. Die Pilotphase des Projekts dauerte nur 110 Tage und wurde parallel an zwei Produktionsstandorten in den USA durchgeführt. Da diese Testphase hochgradig erfolgreich war, wurde das Softwarepaket anschließend weltweit in allen Produktionsstätten eingeführt. Nach einer Gesamtzeit von gerade einmal elf Monaten war die Einführung der neuen SCM-Software abgeschlossen und Dell gelang der Umstieg auf einen Planungszeitraum von gerade einmal zwei Stunden.[58]

Dieser Zyklus umfasst den Bestelleingang, die Produktionsplanung und die Materialbeschaffung:

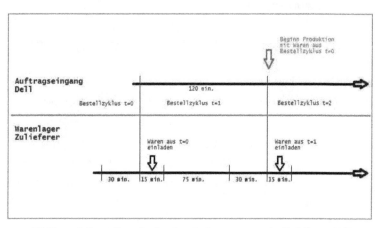

Abbildung 6: Darstellung des Synchronisationsprozesses der i2-Software Teil 1

Alle 20 Sekunden erfolgt ein Abgleich der gesammelten Bestellungen mit den Lagerbeständen der Zulieferer. Hat der Lieferant die benötigten Waren auf Lager. erhält er den Auftrag diese innerhalb von 90 Minuten an die Dell Fabrik zu liefern. Da Dell eine hohe Marktmacht inne hat, haben sich viele Zulieferer dazu entschieden ihre Produktionsstätten oder zumindest Lagerhallen möglichst nahe der Dell Fabriken zu platzieren, wodurch die kurze Zeitspanne zwischen

---

[58] vgl. Amherd, B. (2002). Fallstudie - Dell Computer (Schweiz) AG. S.13

Bestellung und Lieferung erst möglich ist. Die große Marktmacht Dells, macht das Unternehmen innerhalb seiner Supply Chain zu einem fokalen Unternehmen.

In den oben angeführten 90 Minuten muss der Lieferant nun den Auftrag annehmen, die Ware verladen und zu Dell in die Fabrik liefern. Die restlichen 30 Minuten des zwei Stunden dauernden Zyklus ist für das Ausladen und das sequenzgenaue Einfügen in die Produktionsschleife gedacht. Dell benutzt hier nicht einfach eine Just-in-Time-Lieferung sondern ist eine Stufe weiter zur Just-in-Sequence-Lieferung übergegangen.

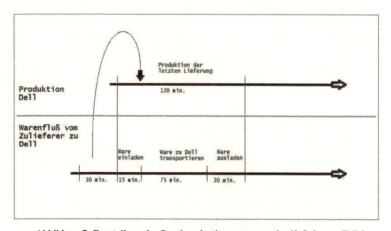

Abbildung 7: Darstellung des Synchronisationsprozesses der i2-Software Teil 2

Das heißt, dass die angelieferten Komponenten in der Reihe ausgeladen werden, in der sie später im Produktionsprozess benötigt werden. Ist das Ausladen abgeschlossen beginnt auch schon der nächste Zyklus, der sich alle 120 Minuten wiederholt. Das beschriebene Zusammenspiel von valuechain.dell.com und der Software von i2 Technologies hat für Dell die Produktions- und Planungsprozesse von vorher einmal täglich auf einmal alle 120 Minuten verkürzt.[59]

---

[59] vgl. Amherd, B. (2002). Fallstudie - Dell Computer (Schweiz) AG. S.13

35

4 Fazit

Um den betrachteten Aspekten gerecht zu werden wollen wir zunächst die wichtigsten Erkenntnisse der beiden Hauptkapitel getrennt behandeln um diese dann in einer Gesamtschlussfolgerung zueinander in Beziehung zu setzen.

4.1 Zwischenfazit Supply Chain Management

Im Kapitel Supply Chain Management haben wir anhand der Veränderungstreiber gezeigt, welche Einflussfaktoren auf Unternehmen einwirken und die Struktur ihrer Lieferketten in Frage stellen. Die Informationsmacht der Konsumenten hat zu einem Wandel der Marktstrategie bei den Unternehmen geführt. Anstatt der etablierten vom Push der Unternehmen gesteuerten Märkte herrscht nun ein Pull seitens der Abnehmer am Markt. Die Unternehmen der Supply Chain mussten umdenken und ihre Zusammenarbeit intensivieren. In der Folge hat sich ein neuer Ansatz für das Management von Supply Chains herausgebildet. Das Supply Chain Management verfolgt eine integrierte, auf Kooperation und Partnerschaft fußende Strategie, die zum Ziel hat

- ➢ Informationsflüsse zu verbessern
- ➢ Lagerhaltungskosten zu reduzieren
- ➢ die gesamte Supply Chain auf den Kunden auszurichten
- ➢ und Synergie-Effekte zu nutzen.

Um den hohen Stellenwert, den die Supply Chain aufgrund von geringen Fertigungstiefen und Systemzulieferern für Unternehmen heute inne hat zu begegnen, wurden im Rahmen des Supply Chain Managements viele verschiedene Ansätze entwickelt. Das Konzept der Autoren Hellingrath und Kuhn haben wir als Grundlage für die Bedeutung von Supply Chain Management Systemen in seinen Grundzügen vorgestellt. Die besondere Rolle der IT als Enabler und Katalysator kommt bei ihnen unserer Ansicht nach gut zur Geltung.

4.2 Zwischenfazit Supply Chain Management-Systeme

Als wesentliche Anforderungen an Supply Chain Management Systeme stellen sich die zwei Anforderungsbereiche der

➤ funktionalen

➤ und nicht-funktionalen Anforderungen heraus.

Die funktionalen Anforderungen betreffen die eigentlichen Funktionen des Supply Chain Managements d.h. Produktionsplanungs- und Steuerungsaufgaben sowie angrenzende planerische Aufgabenbereiche. Nicht-funktionale Anforderungen sind unspezifische und allgemeine Erwartungen an die Eigenschaften von Softwaresystemen, wie Benutzerfreundlichkeit oder Integrationsfähigkeit in bestehende ERP-Systeme.

Als eine zentrale Herausforderung ist dabei die Simultanplanung von besonderer Bedeutung, da diese eine hohe Flexibilität in Planung der Supply Chain ermöglicht. Aus der Vielzahl der am Markt verfügbaren Lösungen für das Supply Chain Management haben wir drei führende SCM-Systeme mit ihren wesentlichen Funktionalitäten vorgestellt. Anhand des Beispiels der Firma Dell konnten wir die erfolgreiche Implementierung von Supply Chain Management mit Hilfe einer fortschrittlichen Softwarelösung veranschaulichen.

4.3 Schlussfolgerung

Aufgrund des hohen Koordinationsaufwands von modernen, integrierten Supply Chains bzw. Netzwerken von Zulieferern ist aus unserer Sicht eine Umsetzung von Supply Chain Management ohne leistungsstarke Unterstützung durch SCM-Systeme kaum realisierbar: Die durch die veränderte Situation auf den Märkten häufiger auftretenden Engpässe oder Schwachstellen im Netzwerk können durch ausgereifte Szenario-Techniken, welche gute SCM-Lösungen bieten, bereits im Vorfeld erkannt und in der Planung berücksichtigt werden. Eine Supply Chain, deren Glieder die veränderten Spielregeln des Marktes verinnerlicht haben und die auf ihre Stärke vertrauen kann, die mithilfe eines fortschrittlichen Supply Chain Management-Systems organisiert und ständig verbessert wird, scheint uns gut gerüstet zu sein, im Wettbewerb mit anderen Supply Chains zu bestehen.

5 Literaturverzeichnis

Amherd, B. Fallstudie - Dell Computer (Schweiz) AG. Abgerufen am 20. April 2011 von http://fileserver.amherd.net/fallstudie_dell.pdf

Behr, T., & Tyll, T. (2003). Geschäftsprozesse - Ablaufoptimierung. Abgerufen am 20. April 2011 von Universität Erlangen-Nürnberg: http://www.economics.phil.uni-erlangen.de/bwl/lehrbuch/kap3/scm/scm.PDF

Christopher, M. (2005). Logistics and supply chain management: Dreating value-added networks. New York: Harlow, England.

Corsten, D., & Gabriel, C. (2004). Supply Chain Management erfolgreich umsetzen: Grundlagen, Realisierung und Fallstudien; mit 20 Tabllen (2. Auflage Ausg.). Berlin.

Gabler Verlag (Herausgeber). Stichwort: Supply Chain Management (SCM). Abgerufen am 20. April 2011 von Gabler Wirtschaftslexikon: http://wirtschaftslexikon.gabler.de/Archiv/56470/supply-chain-management-scm-v7.html

Hellingrath, B. (10. November 2008). Lieferketten, Steuerung, Kontrolle und Überwachung von. Abgerufen am 20. April 2011 von Vierte Auflage - Enzyklopädie der Wirtschaftsinformatik: http://www.enzyklopaedie-der-wirtschaftsinformatik.de/wi-enzyklopaedie/lexikon/informationssysteme/crm-scm-und-electronic-business/Supply-Chain-Management/-Lieferketten--Steuerung--Kontrolle-und-Uberwachung-von

JDA - Software Group. i2 - JDA Sofware - The Supply Chain Company. Abgerufen am 20. April 2011 von Supply Chain Management - JDA Sofware - The Supply Chain Company: http://www.jda.com/company/i2-acquisition/

Knolmeyer, G., Mertens, P., Zeier, A., & Dickersbach, J. (2009). Supply Chain Management Based on SAP Systems: Architecture und Planning Processes. Heidelberg - Berlin: Springer Verlag.

Kuhn, A., & Hellingrath, B. (2002). Supply Chain Management - Optimierte Zusammenarbeit in der Wertschöpfungskette. Berlin: Springer Verlag.

Microsoft Corporation. (Januar 2009). Microsoft Dynamics NAV 2009 - Supply Chain Management. Abgerufen am 20. April 2011 von Microsoft Deutschland GmbH: http://download.microsoft.com/download/C/F/3/CF33CF2C-21A2-4A62-B309-8F193738DD4E/NAV_2009_Whitepaper_Supply_Chain_Management_DE.pdf

Peitschenschlag-Effekt – Wirtschaftslexikon. Abgerufen am 20. April 2011 von Wirtschaftslexikon: http://www.wirtschaftslexikon24.net/d/peitschenschlag-effekt/peitschenschlag-effekt.htm

Vahrenkamp, R. (2008). Logistik - Management und Strategien (6. Auflage Ausg.). München: Oldenbourg Verlag.

Vahrenkamp, R. (2008). Produktionsmanagement (6. Auflage Ausg.). München: Oldenbourg Verlag.

What is supply chain? definition and meaning, Business Dictionary. Abgerufen am 20. April 2011 von BusinessDictionary.com - Online Business Dictionary: http://www.businessdictionary.com/definition/supply-chain.html

Zelewski, S., Hohmann, S., & Hügens, T. (2008). Porduktionsplanungs- und -steuerungssysteme: Konzepte und exemplarische Implementierung mithilfe von SAP R/3. München: Oldenbourg Verlag.

6 Abbildungsverzeichnis

www.ingramcontent.com/pod-product-compliance
Lightning Source LLC
La Vergne TN
LVHW042127070326
832902LV00037B/1210